AF278686

LE
DROIT DIVIN

DE LA MONARCHIE

SOUS L'ANCIEN RÉGIME

ET SES EFFETS FUNESTES.

DEUX LETTRES

AU DIRECTEUR-GÉRANT DES *DÉBATS*

(2 février et 9 mars 1872)

PAR

UN ANCIEN MAGISTRAT.

Prix : 75 centimes.

PARIS

SANDOZ ET FISCHBACHER
Libraires-éditeurs
33, RUE DE SEINE, 33.

E. DENTU
Libraire-éditeur
GALERIE DU PALAIS-ROYAL.

1872

LE DROIT DIVIN

DE LA MONARCHIE

SOUS L'ANCIEN RÉGIME

ET SES EFFETS FUNESTES.

DEUX LETTRES

AU DIRECTEUR-GÉRANT DES *DÉBATS*

(12 février et 9 mars 1872)

PAR

UN ANCIEN MAGISTRAT.

Prix : 75 centimes.

PARIS

SANDOZ ET FISCHBACHER	E. DENTU
Libraires-éditeurs	Libraire-éditeur
33, RUE DE SEINE, 33.	GALERIE DU PALAIS-ROYAL.

1872

LE
DROIT DIVIN
DE LA MONARCHIE
SOUS L'ANCIEN RÉGIME
ET SES EFFETS FUNESTES.

PREMIÈRE LETTRE (1)

Au directeur-gérant des DÉBATS.

M. le comte de Chambord a annoncé un nouveau manifeste. Autant certaines gens prennent de peine pour qu'on les croie nécessaires, autant ce prince paraît s'en donner pour se rendre inacceptable par le pays. Pour la troisième fois en moins d'une année, il a eu recours aux journaux pour jeter anathème à la Révolution française, pour nous dire qu'il n'accepte rien d'elle, qu'il ne se séparera point de son drapeau, de celui qui n'est plus le drapeau de la France et qui abritait sous son ombre l'ancien régime et tous ses abus. M. le comte de Chambord ajoute qu'il représente en sa personne un grand principe, le principe de légitimité, qu'il est lui-même et lui seul le *droit,* et qu'à la reconnaissance de ce droit sont attachés la paix, le bonheur et le salut de la France. Ce langage est franc et loyal ; on y sent l'homme de cœur et de principes. L'aveu cependant n'est pas complet. En proclamant son droit, le prince a soigneusement évité de le définir, et chacun s'y rallierait probablement s'il y

(1) Voyez le *Journal des Débats* du 12 février 1872.

voyait en effet le remède à tous nos maux. J'ignore si MM. les députés, au nombre de quatre, qui ont hautement applaudi au Manifeste de M. le comte de Chambord, se comprennent bien eux-mêmes lorsque, parlant de son *droit légitime*, ils disent qu'il y a *dans l'essence des choses une force inexorable à ceux qui la violentent.* Je doute que cela soit suffisamment entendu de beaucoup d'honorables légitimistes qui, mieux instruits, réfléchiraient peut-être avant d'applaudir et d'adhérer. La définition que ne donne pas le prince du droit qu'il réclame, donnons-la pour lui et suppléons à son silence.

Ce droit, incarné en sa personne, ce n'est pas le droit royal héréditaire et constitutionnel, résultant d'un commun accord entre la nation et le prince, comme il est reconnu en Angleterre, en Suède, en Belgique et dans plusieurs autres États modernes. Le droit que représente ce prince, c'est l'ancien droit royal de France, droit dérivé du Code théodosien et de la Bible, moitié laïque, moitié religieux : c'est LE DROIT DIVIN DES ROIS PAR LA GRACE DE DIEU, tel que le définit Bossuet dans sa *Politique tirée de l'Écriture,* qui en est le meilleur Code. Je cite textuellement :

« L'autorité royale, dit Bossuet, est absolue... Le prince ne « doit compte à personne de ce qu'il ordonne... Quand le « prince a jugé, il n'y a point d'autre jugement... Les rois « sont des dieux et participent en quelque sorte à l'indépen- « dance divine... Le prince ne souffre pas les impies, les blas- « phémateurs, les jureurs ni les devins... il courbe sur eux « des voûtes, ou même il tourne des roues sur eux... Il promet « d'exterminer, selon son pouvoir, tous hérétiques notés et « condamnés par l'Église... Il est l'image de Dieu, qui, assis « sur son trône au plus haut des cieux, fait aller toute la « nature (1). »

Voilà, selon l'évêque de Meaux, le droit des rois comme il

(1) *Politique tirée de l'Écriture*, livres IV et VII.

est reconnu par l'Église, tant que les rois lui obéissent. Elle les
déclare revètus de l'omnipotence ou d'une autorité sans bornes
sur leurs sujets, sous l'unique contrôle de la loi divine ou de
ses interprètes.

Si maintenant nous passons de la définition du *droit* à son
interprétation pratique par un prince que nul ne récusera, par
Louis XIV, nous la trouverons résumée en quelques lignes
dans cette curieuse anecdote que rapporte Saint-Simon :

« Louis XIV, dit-il, en l'année 1670, n'entendait parler que
« de l'extrême misère du peuple, et, se voyant obligé d'établir
« de nouveaux impôts très-lourds, il en conçut un violent cha-
« grin qui le rendit malade. Enfin il reprit son calme et dit à
« Maréchal, son premier chirurgien, qu'il avait été fort tour-
« menté par la compassion pour son peuple et aussi par le
« scrupule de prendre ainsi le bien de tout le monde, sur quoi il
« avait consulté le P. le Tellier, son confesseur. Celui-ci, ajouta
« le roi, lui avait rapporté une consultation des plus savants
« docteurs de Sorbonne, décidant nettement que tous les biens
« de ses sujets étaient à lui en propre, et que, quand il les pre-
« nait, il ne prenait que ce qui lui appartenait. Cette décision,
« dit le roi, l'avait mis fort au large et avait levé tous ses
« scrupules. » L'anecdote, dit Saint-Simon, me fut contée par
Maréchal lui-même. Elle est, à elle seule, un suffisant com-
mentaire du droit divin des monarques, et elle est complétée
par le mot de Villeroi, montrant d'un lieu élevé à son royal
pupille (Louis XV) les villages et les campagnes se déroulant
au loin : « Sire, lui disait-il, tout cela est à vous. »

De ce qui précède, il résulte que le *droit divin des rois*, dans
son expression la plus étendue, c'est le droit absolu, par la grâce
de Dieu et de l'Église, sur les biens, sur les personnes et sur
les consciences même : le droit divin, c'est la révocation de
l'Édit de Nantes, qui priva la France d'une grande partie de
son meilleur sang, de sa population la plus active et la plus
industrieuse ; le droit divin, c'est Louis XIV achevant d'épuiser

son royaume et attirant sur lui la désolation et la ruine pour rétablir, malgré les traités, les Stuarts sur le trône ; c'est Louis XV puisant à volonté et sans scrupule, par des *acquits au comptant,* des centaines de millions dans le Trésor ; c'est Charles X publiant ses funestes ordonnances.

Qu'on ne dise pas que, dans l'ancienne monarchie, le roi était contenu par ses Parlements et jurait de se conformer aux lois. Les Parlements le gênaient-ils, le roi leur imposait silence ou les exilait ; les lois portaient-elles obstacle à ses volontés, le roi les modifiait ou en édictait de nouvelles. Voilà cet ancien régime qui faisait dire à un célèbre voyageur anglais au dix-huitième siècle, Arthur Young, pour caractériser le despotisme : « C'est le pouvoir arbitraire et absolu, comme on le voit en Turquie ou en France. »

Ainsi, plus d'illusions possibles. Le droit royal de l'ancien régime, celui que le petit-fils de Charles X revendique comme inhérent à sa personne, sans le définir, peut-être même sans le bien connaître, c'est le droit de l'omnipotence et du bon plaisir, droit qui se résumait jadis en quatre mots : *Ut rex, sic lex.* (Si veut le roi, si veut la loi.) M. le comte de Chambord peut bien ne pas vouloir en user dans toute sa plénitude, il peut y renoncer, il ne peut rien en ôter. Ce droit, dit-il, est en lui, et, au point de vue ultra-légitimiste, qui est le sien, il est antérieur à lui, supérieur à lui, et, tel qu'il le possède, il le transmet intact à ses successeurs. Ce point de vue, nous l'avouons, a sa grandeur ; le droit royal ainsi compris a inspiré de sublimes dévouements, il a eu ses héros et ses martyrs ; il en aurait encore. Mais il a été et sera toujours la source d'épouvantables abus ; il est en opposition directe avec le point de vue constitutionnel, avec les besoins, les idées et les croyances de l'Europe moderne. C'est ce qui fait, hélas ! qu'il est si difficile de mettre ou de maintenir l'héritier d'une ancienne race à la tête d'un ordre de choses nouveau. Et cela rappelle ces paroles de l'Écriture : « On ne met pas de vin nouveau dans de vieilles outres ; on ne coud pas un vieux vêtement à un neuf. » Vérité importante et triste, qu'on ne saurait trop méditer et qui donne la clef de tous nos malheurs.

Mais, dit-on, le prince connaît son temps, il sait ce que veut la France, il s'est engagé à faire des sacrifices, il promet des concessions... Ce que M. le comte de Chambord promet, il le ferait très-certainement ; son caractère loyal ne permet pas d'en douter. Il ferait donc des concessions, c'est-à-dire des réformes, allant peut-être jusqu'à une Charte *octroyée*. Mais l'on sait ce que deviennent de telles Chartes sous la main de leurs auteurs ou de ceux qui leur succèdent, et quel fond on peut faire sur leur durée, aussi longtemps du moins qu'aux yeux de celui qui les donne ou qui les accepte, son droit, supérieur à la Charte, demeure entier et absolu.

M. le comte de Chambord s'engage à satisfaire aux vrais besoins de la France. Mais, pour répondre aux besoins du pays, il faut les connaître. S'est-il bien rendu compte de ce qu'est aujourd'hui la France et de ce qu'elle veut? Est-ce en Allemagne, à Prague, à Frohsdorf, où sa vie s'est écoulée, qu'il a appris à la connaître? Et, par exemple, le drapeau blanc qu'il lui rapporte est-il bien un besoin de la France? Et quand, abaissée aujourd'hui, elle cherche des consolations dans les glorieux souvenirs que lui rappelle son drapeau national, et qu'elle aime à se dire qu'il est entré vainqueur dans toutes les capitales de l'Europe, est-ce un besoin pour elle d'entendre M. le comte de Chambord rappeler ses humiliations et ses récentes défaites? Et lorsqu'elle est encore saignante de tant de blessures, épuisée d'argent et à bout de forces et de ressources, est-ce un besoin pour elle de s'entendre convier par lui, comme il l'a fait dans son Manifeste du mois de mai, à une croisade religieuse, à une nouvelle guerre pour le rétablissement du pouvoir temporel du Saint-Siége?

M. le comte de Chambord ne semble-t-il pas, comme je l'ai dit déjà, avoir pris à tâche d'accumuler devant lui les obstacles, de braver ses adversaires et de rendre impossible son rappel au trône de ses aïeux? N'est-on pas alors bien fondé à lui conseiller une abdication contre laquelle il proteste; et sont-ils à blàmer ces princes qui, se refusant à reconnaître le *droit divin* de leur aîné, n'acceptent pas pour eux un si compromettant héritage et subordonnent patriotiquement leurs prétentions, leurs espérances et leur avenir à l'appel du pays?

Si j'osais risquer un conseil ou adresser une prière à ces quatre Messieurs de l'Assemblée nationale qui ont acclamé si bruyamment M. le comte de Chambord et son dernier Manifeste, je leur dirais : Prêtez l'oreille, écoutez ces éloges trompeurs que prodiguent au prince ses plus irréconciliables ennemis, et qui lui viennent de deux côtés également hostiles : comprenez ces exhortations perfides de leurs journaux à persévérer dans la voie fatale où il s'est engagé. Ah ! ne les imitez pas, exhortez-le plutôt à se désister, à abdiquer : faites qu'il renonce à des prétentions surannées et si périlleuses, à un droit aujourd'hui périmé, mais qui, revendiqué par lui, fait obstacle à des apaisements devenus le premier besoin de la France, et empêche tant de cœurs généreux, tant de consciences délicates et timorées de se rallier, sous une forme ou sous une autre, à un gouvernement légal et selon le vœu du pays. Déclinez, messieurs, répudiez pour lui comme pour vous une si effrayante responsabilité devant l'histoire. Faites cela, et vous aurez bien mérité de la nation, vous aurez fait acte d'honnêtes gens et de bons citoyens... Pardon, Messieurs, je retire ce mot qui ne se trouve pas dans votre vocabulaire; pour des légitimistes d'une trempe si pure, il n'y a pas de *citoyens*, il n'y a que des sujets, et *quant à la nation...* Ah! pardonnez encore et souffrez que je termine par une courte anecdote.

C'était, si j'ai bonne mémoire, en 1829, en plein ministère Polignac. Je m'entretenais avec un vieux chevalier de Saint-Louis, ancien émigré de l'armée de Condé, partant, excellent royaliste et fort peu citoyen. Nous parlions politique, et tout en discutant, j'eus le malheur de mettre en avant la *nation*. Le mot souleva une tempête. « La nation ! dit le chevalier, rouge de colère, la nation ! Monsieur ! Qu'est-ce que cela? Ce mot, Monsieur, est révolutionnaire. On ne parle plus ainsi, grâce à Dieu. Il n'y a plus de nation, Monsieur, il n'y en a plus. » Nous voici ramenés droit au livre de l'évêque de Meaux, à la la *Politique tirée de l'Écriture*. « La volonté de tout le peuple, dit Bossuet, est renfermée dans celle du prince : tout l'État est en lui. » — « L'État, c'est moi! » disait Louis XIV. J'ai quelque peine à croire que cela soit entendu ainsi du corps entier de ce grand et honorable parti légitimiste dont vous êtes membres; et vous-mêmes, Messieurs, l'entendez-vous ainsi? Est-ce là ce que veut la France ?

DEUXIÈME LETTRE (1)

Ma précédente lettre a soulevé de grandes colères: j'ai cité des textes, j'ai donné des raisons, et j'ai recueilli des injures. Je n'ai pas à m'occuper des insulteurs, mais on m'a fait une objection sérieuse : on m'a reproché de n'avoir pas dit, chose pourtant fort essentielle, si le droit royal et divin que j'ai défini d'après des textes très-précis et des faits trop nombreux, avait, sous l'ancien régime en France, un caractère quelconque de légalité. L'objection est grave, et j'y réponds.

J'ai montré, d'une manière trop succincte peut-être, le droit divin de la royauté tel qu'il a été défini par Bossuet et qu'il était généralement compris dans l'ancienne monarchie ; mais ce droit, pas plus que toutes les énormités qu'il comporte logiquement,

(1) Voyez le *Journal des Débats* du 9 mars.

n'avait jamais été légalement admis en France : jamais il n'avait été reconnu ni par les États-Généraux, ni par les Parlements : c'était un droit usurpé, un droit établi de fait, et non un droit légal.

Les légistes, qui, dans les temps anciens de la monarchie, n'étaient que les hommes du roi, mirent tout en œuvre pour accroître outre mesure la prérogative du prince de qui dépendait leur fortune; d'autre part, le clergé, qui fait aisément bon marché de toutes les libertés, excepté des siennes, ne négligea rien en France, sauf en quelques rares occasions, pour élever, surtout au dix-septième siècle, l'autorité du monarque au-dessus de tous les pouvoirs, pour montrer, dans le droit royal, un droit indélébile et sacré que le roi ne tenait que de sa naissance et de la grâce de Dieu, et, dans sa personne, l'oint du Seigneur concentrant en lui seul toutes les volontés de son peuple, revêtu d'un double caractère, à la fois humain et divin, et ne devant compte qu'à Dieu de ses actes.

On alléguerait en vain que plusieurs théologiens (1), reculant devant ces conséquences extrêmes, ont soutenu des opinions plus modérées... Le pouvoir, disent-ils, est d'institution divine comme la société elle-même. Dieu le transmet à la communauté qui le délègue, conformément au *pacte social*, aux individus qu'elle en constitue dépositaires. Cette définition du droit divin n'est point celle qui prévalut en France, nul ne pouvant dire où se trouvait le pacte social de la nation française, ni en quoi il consistait. La meilleure preuve qu'on en puisse donner est un fait qui se produisit à la veille même de la Révolution française, fait peu remarqué de la plupart des historiens et qui cependant aurait dû, plus que tout autre, attirer leur attention. Louis XVI, qui maintint, dans le formulaire de son sacre, le serment d'exterminer les hérétiques, permit, à la requête du clergé, qu'on en retranchât comme inutiles, ces mots : *Cum*

___
(1) Entre autres Mgr Gerbet, évêque de Perpignan.

consensu populi, et que l'archevêque s'abstint de demander, selon l'ancien usage, l'assentiment populaire (1).

Ce qui malheureusement prévalut en France sous l'ancien régime et dans d'autres États, ce fut la définition du droit royal telle que la donne Bossuet : elle trouva grande faveur auprès des princes et des gouvernements, et surtout auprès du clergé de toutes les Églises sacerdotales et de tous ceux sur qui s'étendait leur influence. Cette doctrine se répandit très-rapidement en Europe ; elle fit un mal immense en donnant aux rois une idée exagérée de leur puissance, idée de tous points inconciliable et en opposition directe avec celles qui déjà prévalaient en Angleterre et qui furent dominantes en France dans le siècle suivant. De là sortirent les révolutions, les guerres civiles et les maux affreux qu'elles engendrent. C'est pour cela que l'Angleterre ne put trouver son équilibre, son repos et les véritables conditions de sa grandeur et de sa force qu'après l'expulsion des Stuarts, imbus des funestes maximes du droit divin des rois ; c'est pour cela aussi qu'en France les projets des hommes qui voulurent opérer de sages réformes et donner une Constitution au pays avortèrent par suite des préjugés du bon et infortuné Louis XVI, de sa famille et de sa cour touchant les prérogatives du droit royal, et que la révolution fut bientôt fatalement poussée à faire à la royauté une situation fausse, absurde et tout à fait impossible.

Louis XVIII, esprit judicieux, quoique imbu dans une certaine mesure des préjugés de sa race, blessa le sentiment du pays en repoussant le drapeau national et antidata son règne de dix-huit années, sans tenir suffisamment compte des faits accomplis. Il les accepta néanmoins avec toutes leurs conséquences relatives au droit politique et au droit civil moderne, en rédigeant de sa main (2) et en signant la Charte qui les con-

(1) Joseph Droz, *Histoire de Louis XVI*, édition in-8º, tome Iᵉʳ, page 171.

(2) M. Guizot a établi ce fait dans ses *Mémoires*, d'après le témoignage même de ceux qui ont concouru à la rédaction de cette Charte.

sacrait, qui établissait la royauté nouvelle sur un pacte social, sur une convention mutuelle entre la nation et la royauté. En faisant cela, Louis XVIII fit une chose sage, une chose nécessaire et fut le roi *légitime de la révolution*. Mais en transigeant avec elle, il parut, aux yeux de plusieurs, avoir dérogé ; il affligea, il indigna beaucoup de ses anciens serviteurs, qui tinrent à honneur, hélas ! d'être mieux que le monarque à la hauteur des principes, d'être, en un mot, *plus royalistes que le roi*, qui s'était fait, disaient-ils, roi révolutionnaire, roi jacobin.

Cette opinion était aussi, jusqu'à un certain point, celle de son frère et des hommes les plus en faveur auprès de lui ; nous en avons vu les fruits amers ; les idées qu'il avait sucées avec le lait sur le droit royal, contenues d'abord par la prudence, reprirent avec le temps sur lui tout leur empire. La Charte était le véritable *palladium* de la royauté contre l'esprit révolutionnaire, Charles X la déchira.

La situation de la branche cadette sur le trône était fort difficile, mais du moins elle était nette. Louis-Philippe se trouvait dans l'impossibilité absolue de considérer sa puissance comme établie sur un autre fondement que sur celui de la volonté nationale : il lui était interdit d'admettre ou d'invoquer en sa faveur ce qu'on appelait la *légitimité du droit divin*. Aux yeux d'une infime minorité, cela fit sa faiblesse, cela entacha de nullité pour elle l'acte qu'il l'élevait au trône ; mais cela fit sa force dans l'opinion de la partie la plus intelligente, la plus industrieuse et la plus active de la nation, qui vit, dans le divorce accompli entre la royauté nouvelle et une prérogative supérieure à tous les droits, la meilleure garantie d'un accord durable entre le roi et la France. L'avantage que Louis-Philippe eut, à cet égard, sur l'héritier de la branche aînée de sa famille, aux yeux des hommes éclairés, son petit-fils l'aurait au même titre, si un jour il devenait roi. Louis-Philippe tomba du trône pour des causes la plupart étrangères aux circonstances et aux faits qui avaient motivé son élévation : et, en abdiquant, il livra la fortune de la France à tous les hasards.

Il n'est pas mort, ce droit divin, redoutable à ceux même qui l'invoquent ; il ne peut mourir : il est enraciné dans l'orgueil humain, pétri, dès l'enfance, de préjugés surannés. Il peut se dérober aux yeux, se dissimuler pour un temps, mais tôt ou tard il reparaît pour bouleverser le monde. Il y a des circonstances fatales qui presque toujours entraîneront les princes imbus de tels principes : le moment viendra où ils croiront leur conscience et leur honneur intéressés à s'élever au-dessus de la Constitution et des lois de leur pays ; ainsi ont fait Charles Ier, Jacques II, Charles X, et j'en puis citer sur les bords du Rhin un vivant exemple dans ce roi Guillaume de Prusse, qui s'intitula si fièrement, à son sacre, roi par la grâce de Dieu. Nous l'avons vu s'autoriser de son droit royal et divin, supérieur à tous les droits, pour violer le pacte constitutionnel et pour maintenir sur un pied menaçant son armée, contre l'expresse volonté de son Parlement. Cette armée est celle qui a infligé tant de maux à l'Europe centrale, qui a dépouillé le Danemark, qui a détruit la Confédération germanique, qui a frappé la France au cœur et comprimé toute indépendance individuelle dans les États allemands. Mais lorsque les fumées de la victoire seront dissipées, le jour viendra où, dans le pays d'où cette armée est sortie pour s'abattre sur l'Allemagne et sur la France, on verra la tempête et la foudre éclore de l'exercice même de ce droit divin en lutte avec la volonté nationale, et dont aujourd'hui l'on s'enivre : ce sera notre vengeance.

Non, il ne meurt pas, ce droit funeste ; il s'est insinué près de nous, dans le cœur d'un prince honnête et loyal ; il est symbolisé dans le drapeau dont, pour son malheur, ce prince s'enveloppe. Ne vous étonnez pas s'il se tient à l'écart, s'il hésite à se prononcer, à encourager les efforts que tentent ses fidèles pour le rendre acceptable par la France. Il sait qu'il peut y avoir des trèves, mais qu'il n'y a point de transaction permancute possible entre la royauté de droit divin et la royauté parlementaire émanée du vœu national. Le droit divin ainsi compris par ceux qui ne s'empressent pas de le répudier hautement comme un droit *illégitime* et périmé, et qui le croient personnifié en eux, est un dangereux mirage qui les jette tôt ou tard au milieu des écueils : plus en apparence il élève haut les princes, et plus il les domine ; il est pour eux ce qu'est pour l'imprudent voyageur cet arbre d'Orient qui l'attire sous son ombre empoisonnée qui l'enivre et le tue :

Présent le plus funeste
Que puisse faire aux rois la colère céleste.

En parlant des textes que j'ai cités, des arguments que j'ai produits contre la royauté de droit divin, une feuille légitimiste y a vu l'expression du ressentiment et d'une haine toute personnelle. Je repousse une telle inculpation. J'ai du respect pour toutes les convictions courageusement exprimées, j'honore profondément celui dont je combats les prétentions ; mais je songe d'abord à mon pays malheureux, et qui a tant besoin de calme et de sécurité. Je me rappelle malgré moi ces paroles prononcées à l'île d'Elbe, je crois, par Napoléon Ier, doué d'un sens si juste lorsque ses passions ne s'interposaient pas entre sa raison et la réalité des choses : « Si les Bourbons de la branche aînée, disait-il, revenaient dix fois en France, dix fois ils seraient expulsés. » C'était moins les hommes qu'il avait alors en vue que leurs préjugés et leurs principes pour lesquels il savait la répulsion du pays : elle est profonde, cette répulsion, et si, par impossible, de tels principes prévalaient parmi nous, je prévois une réaction violente, affreuse, irrésistible, qui, d'un droit divin funeste, nous rejettera sous un autre, pire encore et plus monstrueux.

Ce n'est pas seulement dans les monarchies traditionnelles que ce droit se rencontre : il y a aussi une sorte de droit divin de la démocratie, de la souveraineté du peuple et de l'omnipotence des masses, droit terrible et beaucoup plus à craindre encore que le précédent. Prenez garde, vous qui vous hâtez, avec une précipitation téméraire, d'ébranler aujourd'hui le pouvoir au lieu de l'affermir dans les mains qui le tiennent, oubliant que des charges écrasantes pèsent sur nous et que l'étranger foule encore le sol de la patrie. Le jour viendra où l'Assemblée, usant de son droit souverain, aura à se prononcer entre la république ou la monarchie; mais, de quelque côté qu'elle incline, il faut qu'elle sauve la France d'une nouvelle crise, et qu'elle constitue les pouvoirs publics de telle sorte qu'ils se concilient les sympathies nationales et présentent des garanties suffisantes pour la protection des droits de tous et le maintien durable de l'ordre et de nos libertés. Ces conditions ne se trouveront pas dans la monarchie du droit divin; elles se rencontreront moins encore avec cet autre droit, prétendu divin, de la démocratie et de l'omnipotence populaire qui ne serait pour tous qu'une dure servitude.

Qu'ils y pensent bien, ceux qui n'écoutent que leurs ambitions impatientes et prennent, de bonne foi, leurs chimères pour des réalités, se séduisant eux-mêmes, et répétant sans cesse : « Nous n'avons pas de gouvernement, nous ne marchons pas, » parce qu'ils refusent de marcher, et qu'ils brûlent de remplacer demain, chacun par son idole, ce qui existe aujourd'hui. Ils se trouvent dans plusieurs camps très-différents, et la plupart ne savent ce qu'ils font. Aux uns, je rappellerai ces paroles qu'un grand orateur prononçait il y aura bientôt trente ans à l'occasion de la manifestation de Belgrave square à Londres, renouvelée aujourd'hui à Anvers: « Notre gouvernement, disait-il, est fondé sur le principe du contrat entre le prince et le pays, sur la réciprocité des droits, tandis que le droit de la légitimité dont vous vous prévalez, au nom de laquelle on a parlé et agi à Belgrave square, c'est le droit supérieur à tous les droits, c'est ce pouvoir qui ne peut pas se perdre, quelque insensé qu'il soit, et de qui les peuples, quoi qu'il fasse, sont tenus de tout supporter... Je tiens ces maximes pour absurdes, honteuses, dégradantes pour l'humanité (1). »

Je dirai aux autres : « Songez-y ; cette souveraineté absolue et presque divine de la démocratie, qui est votre rêve à tous, ce n'est pas la liberté pour tous, c'est la dictature s'autorisant de cet adage faux et blasphématoire que Rousseau, plus que personne, concourut à accréditer : *La voix du peuple est la voix de Dieu.* C'est la délégation permanente de la tyrannie à une Assemblée ou à un seul homme, c'est tantôt la *Convention* régnant par la terreur, et tantôt le *Césarisme* avec ses égarements et ses violences. Si une nation, qui n'est plus un peuple enfant, oubliait qu'il y a des droits fondamentaux, inaliénables, que le législateur ne peut ni violer ni méconnaître ; si cette nation fermait ses yeux et son cœur aux vrais principes mis en lumière dans les meilleures Constitutions des deux mondes ; si elle s'en détournait pour s'abandonner sans réserve, corps et biens et de propos délibéré, en vertu de son droit souverain et prétendu *divin*, aux volontés absolues d'une *Convention nouvelle* ou au bon plaisir d'un *César*, alors il n'y aurait plus qu'à se voiler la face, et nous dirions : « Les temps sont venus : la fin est proche. »

(1) *Moniteur*. Session de 1844.

Paris. — Imprimerie Ad. Lainé, rue des Saints-Pères, 19.

PARIS
ADOLPHE LAINÉ
Imprimeur
rue des S.-Pères
19.